おやつもできたら、たのしいね

ひとりでできるかな？　はじめての家事 ③

家庭科教育研究者連盟 編　　大橋慶子 絵　　　　　　　　　　大月書店

おもなもくじ

あま〜い飲みもの …… 04
- ミルクセーキ
- ハニーレモン
- ホットココア
- スムージー
▶どうして「おやつ」というの？

おいしいお茶の入れ方 …… 06
- 緑茶を入れよう
- 麦茶の入れ方
▶お茶のいろいろ
▶緑茶は体に良い
▶お茶の豆知識

すぐできるかんたんおやつ …… 08
- 太陽の力でつくる（干しトマト、干しいも）
- ふをつかってスナック菓子
▶スナック菓子には油がいっぱい
▶「ふ」ってなあに？

だんごをつくろう …… 10
- 白玉だんご
- みたらしだんご
- よもぎだんご
▶お米の粉
▶大豆の粉
▶小麦粉
▶根っこの粉

お好み焼きをつくろう …… 12
- チヂミをつくろう
▶お好み焼きの材料いろいろ

むしパンをつくろう …… 14
- さつまいも入りむしパン
- むしチーズパン
▶さとうのはなし

クレープとホットケーキ …… 16
- クレープの皮をつくる
- すきな具をまいてマイクレープ
- ホットケーキ
▶クレープのはじまり

牛乳をつかったかんたんおやつ …… 18
- ミルクくずもち
- カッテージチーズ
▶牛乳はすぐれた食品
▶チーズの発見
▶チーズのいろいろ

たまごをつかったおやつ …… 20
- 手づくりプリン
- たまごボーロ
▶たまごはどうしてかたまるの

じゃがいもを つかったおやつ …… 22
- じゃがピザ
- 厚切りポテトチップス

さつまいもを つかったおやつ …… 24
- 大学いも
- ピラミッド型 スイートポテト
▶ ふくろでさつまいもを育ててみよう

やさいのおやつ …… 26
- ひやしトマト
- はちみつトマト
- ポップコーン
- レンジでつくるポップコーン
▶ ポップコーンのはじまり

クッキーをつくろう …… 28
- さくさくクッキー
- おからでつくる和風クッキー
▶ 古代人も食べていたどんぐりクッキー

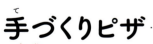

手づくりピザ …… 30
- 生地をつくる
- トマトソースをつくる
- ピザをやく
▶ ベーキングパウダーと重そう

旬のくだものや野菜で ジャムづくり …… 32
- いちごジャム
- りんごジャム
- トマトジャム
- にんじんジャム
▶ ジャムにレモンを入れるわけ
▶ ジャムとマーマレード

くだものをつかった おやつ …… 34
- フルーツポンチ
- いろいろな味つけ
- オレンジゼリー
▶ 輸入くだもの
▶ ゼラチンと寒天

手づくりアイス …… 36
- ヨーグルトアイスクリーム
- いちごシャーベット
- そのまま凍らせてアイスに
▶ アイスのいろいろ

手づくりケーキで パーティー …… 38
- スポンジケーキをつくる
- デコレーション
▶ おいしい紅茶の入れかた

あま〜い飲みもの

ミルクセーキ

たまご×牛乳で栄養満点!

材料（1人分）
- たまご……1個
- 牛乳……150ml
- さとう……大さじ2

ミキサーにかけるだけ。氷を入れてシャリシャリにしてもOK。あわ立て器でかきまぜてもOK。

ハニーレモン

材料
- 国産レモン…4個
- はちみつ……大さじ8
- さとう………大さじ9

1. レモンをよく洗い、うすくスライスする。
2. 熱湯で消毒したびんに、スライスしたレモンを1/3ずつとさとうを1/3ずつ重ねていく。
3. 上にはちみつをかけ、ときどきまぜながら、冷蔵庫で3日おく。
4. お湯で割って、レモネード。炭酸で割って、レモンスカッシュ。

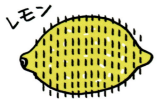

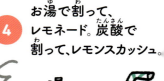

ホットココア

材料（1人分） ココア…大さじ2　さとう…大さじ1　塩……ひとつまみ　牛乳…150ml

1. 小さいなべに、ココア大さじ2、さとう大さじ1、塩ひとつまみをいれ、牛乳150mlを少しずつ入れながら、よく練る。
2. なべを火にかけて、たえずかき回しながらあたためる。
3. プーッとわき上がってきたら、火を止める。カップに入れてできあがり。

練れば練るほど、きめ細かくなっておいしくなるよ。

塩を入れると甘く感じる。

こがさないように。

スムージー

好きなものを入れるだけ！

材料（2人分）

野菜はよく洗う。

野菜
小松菜（2株）を3cmに切る。
にんじん（1/2本）を1cm角に切る。

果物
バナナ（1本）の皮をむいて、3cmに切る。
りんご（1/2個）を1cm角に切る。

くだものはよく洗う。

バナナ 1本
りんご 1/2こ（皮つきのまま）
小松菜 2かぶ
にんじん 1/2本

水（または牛乳、豆乳、ヨーグルトなど）50mlを入れて材料をミキサーにかけ、ドロドロになったらOK。

スムージーに入れるもの

野菜（生で食べられる新鮮な葉物野菜）
- 小松菜
- チンゲンサイ
- ルッコラ
- レタス
- 春菊
- 菜の花

果物（季節のものを使おう）
- りんご
- バナナ
- キウイ
- イチゴ

あつい皮やタネは とりのぞく。

- いも類、豆類などは生のままでは消化が悪いので入れない。
- つくったら、栄養素がこわれないうちに、かむようにしながら、すぐ飲む。

どうして「おやつ」というの？

● **江戸時代までは、食事は朝と晩の二食でした。**
江戸時代の町言葉で、八つ時（午後2時）に、食事の合間に食べたものがもとになっています。地方では、「こびる」（小昼）、「ちゅうじき」（中食）、「ななつ」（七ツ）などと言い、農村で働く人たちが、エネルギーを補うために食べていました。

● **今のおやつは**
小さい子どもは、食事で一度にたくさんの量を食べられません。そこで、おやつで栄養を補います。

● **ごはんの2時間前にはおやつを食べないようにしよう**
おやつには、ブドウ糖を補給して疲れを取ったり、気分をリフレッシュしたりする効果もあります。でも、食事をしっかりとるためには、食事の2時間前にはおやつをとらないことも大切です。

おいしいお茶の入れ方

材料（4人分）
水…………1ℓ
茶葉（煎茶）…大さじ1

緑茶を入れよう

1 やかんでお湯をわかす。

3分くらいふっとうさせ、塩素などをとばすと、味がよくなる。

2 急須にやかんの湯を注いで、お湯の温度を下げる。

3 湯のみに急須の湯を注ぎ、湯のみをあたためる。

湯の温度も冷めるので一石二鳥。

4 急須に茶葉を入れる。

茶葉 大1

5 湯のみの湯を急須にもどしふたをして、待っている間に茶葉が開き、成分が出る。

ふたをして2分まつ。

6 4つの湯のみに①〜⑧の順に半分ずつ入れていく。

① → ② → ③ → ④
⑧ ← ⑦ ← ⑥ ← ⑤

こうすると、味が均一になる。

お茶のいろいろ

茶の葉と花

煎茶（緑茶）

抹茶（緑茶）

ウーロン茶

紅茶（ダージリン）

麦茶の入れ方

5〜6杯分

1 やかんで1〜1.5ℓの水をわかす。

強火

2 ふっとうしたら、火を止めて、麦茶パックを入れる。

麦茶パック

「煮だすものもあります。」

3 5分後にパックを取り出して、やかんを水にひたして冷ます。

洗いおけ

作った麦茶は冷蔵庫に入れ、1〜2日で飲み切ろう。

麦茶にはカフェインが入っていないので、ちいさい子どもでも飲める。

緑茶は体に良い

緑茶には、体に良いいろいろな成分がふくまれていることがわかっています。

お湯の温度が高いと出やすい成分

- **カテキン**（渋み成分）
  ガン細胞の働きをおさえる。
  活性酸素を消す。
  殺菌作用。

- **カフェイン**（苦味成分）
  脳を刺激し、疲労感や眠気をとる。

お湯の温度が低いと出やすい成分

- **アミノ酸・テアニン**（旨味成分）
  リラックス作用、神経細胞を保護

- **ビタミンC**
  80度の温度でもこわれない。

「マイボトルに入れてもっていこう！」

お茶の豆知識

● **世界のお茶**
緑茶、紅茶、ウーロン茶などがあり、色、香り、味などがちがいます。いろいろな種類のお茶はどれも、チャノキというツバキ科の常緑樹の葉からつくられています。

● **発酵のちがい**
お茶の葉をつみ取って、すぐに加熱し、発酵（＝お茶の場合は葉にふくまれるタンニンが酸化すること）しないようにして作ったのが緑茶。完全に発酵させたのが紅茶。発酵をとちゅうで止めたのがウーロン茶です。

緑茶　まっ茶

ウーロン茶　紅茶

● **お茶は中国から**
日本に伝えられたのは、奈良時代〜鎌倉時代。中国では、古くからお茶を薬として用いていました。それを見た留学中の僧侶がチャノキの種を持ち帰り、日本に広めました。

すぐできるかんたんおやつ

材料（4人分）
ミニトマト……20〜30こ

太陽の力でつくる

干しトマト

1. トマトを洗ってヘタをとり、よこ半分に切る。
2. スプーンで種をとる。
3. 切り口を上にして重ならないように、ざるにならべて太陽の下で半日から1日干す。

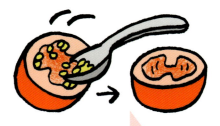

種はスープに入れるとおいしいよ。

やわらかいぐらいがおいしい。暑い夏は干す時間を短くしてね。

干しいも

材料（4人分）
さつまいも … 中2本

1. さつまいもは洗って蒸し器に入れ、中火にかけてふっとうしたら弱火で30分蒸す。
2. かわをむき、1.5cm幅に切る。
3. 重ならないようにざるにならべ、太陽の下で2日くらい干す。

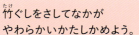

竹ぐしをさしてなかがやわらかいかたしかめよう。

空気が乾燥している冬に干すといい。夜は家の中にしまうこと。

ふをつかってスナック菓子

1 フライパンに油と塩を入れ熱する。

材料（4人分）
- ふ（ひと口サイズのもの）… 30g
- サラダ油 … 大さじ2
- 塩 … ひとつまみ
- 青のり … 小さじ1/2

2 ふを入れて全体にうっすらと焼き色がつくまでいためる。

3 焼き色がついたら、火をとめて青のりをふる。

はちみつ味もできるよ

はちみつ味にするときは、①〜②まで同じようにして火をとめたら、はちみつ大さじ1〜2はいをかけてからめる。

「ふ」ってなあに？

小麦粉のたんぱく質（グルテン）を乾燥させたもの。魚や肉に負けないくらい栄養があります。汁物、煮物、あえものなどいろいろな料理に使われています。

スナック菓子には油がいっぱい

ポテトチップなどのスナック菓子。みんな大好きでしょう。油であげてあるので、油がたくさんふくまれています。

同じ材料・同じ100gでくらべてみました。

	脂質	エネルギー
生じゃがいも	0.2g	77kcal
ポテトチップ	32.6g	546kcal

油にふくまれている「脂質」という栄養素は、米や麦にふくまれている「炭水化物」と同じように体の中で熱やちからのもとになります。ところが油をとりすぎると、肥満や心臓病の原因となります。また、スナック菓子を食べすぎると塩分のとりすぎにもなり、健康によくありません。

だんごをつくろう

白玉だんご

材料（4人分）
- 白玉粉（だんご粉でもよい）…180g
- 水……………………160ml
- きな粉…………………大さじ4
- さとう…………………大さじ3

1 ボウルに白玉粉と水を入れる。

2 こねて、耳たぶぐらいのやわらかさにする。

3 ひと口大のだんごにまるめる。

同じ大きさにするとゆであがりにむらがない。

まん中をくぼませると中まで火が通りやすい。

4 なべに半分くらいの水を入れ、ふっとうさせる。

5 だんごをふっとうしたお湯の中に入れる。

6 だんごがういてきたら、1分待って穴じゃくしでとりだし、水をはったボウルに入れる。

お玉で入れると湯がはねない。

7 だんごをざるにあけて水をきり、さらにもりつける。

8 きな粉とさとうをまぜる。

9 ⑧をだんごにかけてできあがり。

かくし味に塩を入れるとあまく感じる。

あんこもいいね。

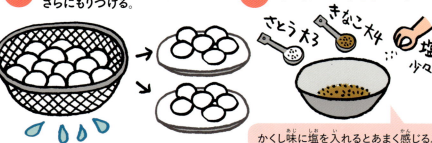

みたらしだんご

材料（だんごのタレ4人分）

- さとう …… 大さじ3
- 水 …………… 150ml
- みりん …… 大さじ2
- 片栗粉 …… 大さじ1
- しょうゆ …… 大さじ1と1/2
- 竹ぐし …… 8本

1. なべにすべての材料を入れてかきまぜる。

2. しっかりかきまぜてから、中火でにる。

3. ふっとうしたら、火を弱め、1分間しっかりかきまぜながら加熱する。

4. 白玉だんごをくしにさして、たれにからめてできあがり。

よもぎだんご

よもぎの若葉をよく洗って、ゆでてみじん切りにする。粉をこねるときに入れて、水の量をかげんしながらこねる。（よもぎ粉はスーパーなどでも売られています）

お米の粉

● **白玉粉**
もち米から作った粉。なめらかで、白玉だんごや大福もちなどにつかう。

大福もち

● **上新粉**
うるち米（ごはんの米）から作った粉。歯ごたえがあり、かしわもち、草もち、せんべいなどにつかわれている。小麦粉のかわりに、パンやケーキなどにもつかう。

せんべい

柏もち

● **だんご粉**
白玉粉と上新粉をまぜた粉。だんごを作るときにつかう。

だんご

大豆の粉

きな粉

きなこもち

小麦の粉

小麦粉
パンやうどん
ラーメンにつかう。

ラーメン

根っこの粉

かたくり粉（カタクリの根
※現在はじゃがいもでつくられている）

くず粉（クズの根）

くずもち

お好み焼きをつくろう

材料（4人分）

小麦粉（薄力粉）…カップ2	長ねぎ…………2本	ソース…………大さじ4
かつおだし………カップ2	たまご…………4個	マヨネーズ………大さじ4
（だしの取り方は1巻18P参照）	紅しょうが………20g	かつおぶし………カップ1
にんじん…………中1/2本	（お好みで入れる）	青のり…………大さじ1
山いも……………10cm	ぶたバラ肉………250g	
キャベツ…………小1/2個	油………………大さじ2	

1 キャベツを洗って切る。
キャベツ1/2こ
しんをとる。
1cmはばにまとめて切る。

2 長ねぎは洗って小口切り。
長ねぎ2本
小口切り

3 にんじんは、洗ってすりおろす。
にんじん1/2本
おろし金

4 山いもの皮をむいて、すりおろす。
山いも10cm

5 ボウルに、かつおだしとすりおろしたにんじんと山いもを入れてまぜる。
にんじん 山いも かつおだし

6 小麦粉をボウルにふるい入れる。
小麦粉
こうすると、粉が空気をふくんで、ふんわり仕上がる。

7 あわ立て器で全体をまぜ合わせる。
あわだて器

8 一人分の容器（どんぶりなど）に⑦の生地の1/4（おたま約2杯）と、キャベツ、長ねぎ、紅しょうが、たまご1個を加えて、手早くまぜる。
キャベツ ねぎ たまご 紅しょうが ひとり分
空気をふくませるように、底からすくい上げるようにしてまぜる。

9 フライパンに、油大さじ1/2を入れて、中火にかけ、⑧を流し入れる。
油大1/2
あつさ1.5cmくらい
中火
スプーンのせで丸く形をととのえる。
ホットプレートの場合は中温（200〜230℃）

10 その上にぶた肉1/4をのせ、中火で4分焼く。
4分 ぶた肉1/4
うらがえす。
中火

11 ふちがかわいてきたら、うら返して4分焼く。
4分
中火

12 もう一度ひっくり返して、2分焼いてでき上がり。竹ぐしをさして、生地がついてこなければOK
2分
もう一度ひっくりかえす。マヨネーズやソースをかけかつおぶし、青のりをかけ

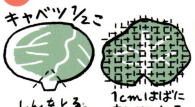
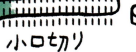

チヂミをつくろう

たれ
- しょうゆ …大さじ2
- 酢………小さじ2
- さとう……小さじ1
- 白ごま……少々
- 万能ねぎのみじん切り……大さじ1
- にんにくのすりおろし……小さじ1

材料（4人分）
- ニラ…………1/2束
- 万能ねぎ（青ねぎ）…6本
- 干しえび………大さじ4
- ごま油…………大さじ4

A
- 小麦粉（薄力粉）……100g
- 片栗粉…100g
- 水………300ml
- 塩………ふたつまみ
- たまご…2個
- とりガラスープの素……大さじ1

1 たれの材料をまぜて、冷蔵庫で一晩ねかせておく。

2 ニラと万能ねぎを洗って3cmの長さに切る。

3 Aの材料を合わせて、あわ立て器でよくまぜ、②と干しえびを加える。

4 フライパンにごま油大さじ1を熱し、③の生地の1/4を焼く。

5 うら返して、ヘラでおしつけて、うすく焼く。

6 火を少し強め、2回ほどうら返しながら、表面をカリッと焼き、食べやすい大きさに切る。

お好み焼きの材料いろいろ
お好みでいろいろな具を入れてみよう。

 ひじき
 小松菜
 もやし
 きのこ
 ブロッコリー
 トマト
 たくあん
 チーズ
 しらす干し
 ウインナ
 あげ玉
 切り干しだいこん
 おもち
 じゃがいも
 なっとう

むしパンをつくろう

干しぶどうやひじき、りんごやすりおろしたにんじん、かぼちゃやまっ茶など、入れるものを工夫してみよう。

材料（アルミカップ9号、6こ分）
- ホットケーキミックス　……100g
  （または薄力粉100gとベーキングパウダー〈アルミフリー〉小さじ1）
- たまご　……………………2個
- 牛乳（またはヨーグルト）　……50ml
- さとう　……………………大さじ2
- サラダ油　…………………大さじ2
- さつまいも　………………100g

さつまいも入りむしパン

1 さつまいもはよく洗い、皮つきのまま7mmぐらいの四角に切る。

2 ボウルにたまごをわり入れて、ほぐす。牛乳またはヨーグルトを加えてまぜる。

3 ②の中に残りの材料を入れて、よくまぜ合わせる。

水にさらして、ふきん（キッチンペーパー）で水けをふきとる。

油を入れると、冷めても固くなりにくくなる。

4 カップに③の生地を入れる。カップの8分目ぐらいまで入れる。

5 むし器に水を入れて、ふっとうさせる。いったん火をとめて、カップを並べ、強火で15分むす。

6 竹ぐしでさして、生っぽい生地がついてこなければでき上がり。

カップの8分目くらいまで入れる。

カップがやわらかい場合は、2枚重ねにするとよい。

やけどに注意！
かたくしぼったふきんを上にかけて、むし器のふたをする。

さめたむしパンをあたためるときは、カップから取り出して、ラップなどでつつみ、電子レンジで20秒ほどあたためる。

むしチーズパン

材料（10〜12個）

- 薄力粉……100g
- ベーキングパウダー（アルミフリー）……小さじ1/2
- たまご……2個
- バター、さとう、プロセスチーズ……各60g
- アルミホイルにぬるバター……少々

1 ボウルの中で、薄力粉とベーキングパウダーを2回ふるう。

2 バターをクリーム状になるまで、よくこねる。

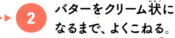

3 ②にさとうを入れて、よくねる。さらに、たまごを入れて、よくまぜる。

4 ③の中に①を入れて、まぜ合わせる。

5 図の大きさのアルミホイルのまん中に、バターをうすくぬり、その上に、④の生地を10〜12等分になるようにスプーンですくい取りのせる。小さく切ったチーズを生地の中にうめこむようにのせる。アルミホイルを点線のところで2つに折り、さらに3方を1cm折ってつつむ。

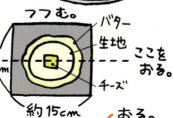
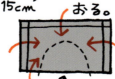

6 むし器で15分むす。（強火、前ページ⑤参照）

さとうのはなし

てんさい

● 原料
さとうはさとうきびやてんさい（さとうだいこん）の汁を煮つめてつくられます。世界では、さとうきびからが60％、てんさいからが40％の割合です。日本では、原料のほとんどを輸入しています。

さとうきび

● おもな種類

〈上白糖〉
原料から不純物を取り除いたまっ白なさとう。

〈三温糖〉
上白糖を取り出した残りを、さらに3回加熱した茶色のさとう。

〈きび砂糖〉
精製途中のさとう液をそのまま煮つめてつくるさとう。風味とミネラルがある。

〈黒砂糖〉
さとうきびのしぼり汁をそのまま煮つめたこげ茶色のさとう。こくがあり、風味も強く、ミネラル分も多い。

● さとうのおもなはたらき
エネルギーになる・ふっくらさせる・くさりにくくする

● 取りすぎると
取りすぎると歯や骨が弱くなります。また、肥満や病気の原因にもなります。

クレープとホットケーキ

材料（4〜6枚分）
- 小麦粉（薄力粉）… 100g
- とかしたバター … 20g
- サラダ油 ………… 大さじ2
- A
  - 水 ……… 30ml
  - 牛乳 …… 200ml（カップ1）
  - たまご … 1こ
- さとう … 大さじ3
- 塩 ……… 少々

クレープをつくる

1 Aをボウルに入れて、あわだて器でよくまぜる。

2 ふるいにかけた小麦粉を入れ、かたまりがなくなるまでまぜる。

少しずつ入れると、かたまりができない。

3 とかしバターを加えて、まぜる。

4 30分ほど冷蔵庫で休ませる。

5 フライパンにサラダ油をいれ、キッチンペーパーでまんべんなく広げ、強火で熱する。

6 フライパンをぬれふきんの上におく。

こうするときれいにやき色がつく。

7 フライパンの中央に生地をおとし、おたまの背で円を書くように広げ、火をつける。

8 生地のまわりがパリッとしたら、さいばしを使ってうら返して、30秒ぐらいやく。

9 できたら、皿にかさねてさます。

すきな具をまいてマイクレープ

あまいクレープ
生クリーム
クリームチーズ
ジャム　くだもの
アイスクリーム
など

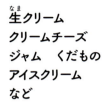

さっぱりクレープ
野菜とマヨネーズ
チーズ　ツナ
など

いろいろ
ためしてみよう

クレープのはじまり

フランスのブルターニュ地方で、そば粉でつくったガレットが変化したものといわれています。ブルターニュ地方は土地が貧しく、小麦がとれなかったので、そばの実や粉が食べられていました。そばがゆがぐうぜん、石の上に落ち、うすいパン状になったのが始まりといわれています。

ガレット

ホットケーキ

材料（4枚分）

たまご ………… 1こ
牛乳 ………… 130ml
はちみつ（メープルシロップ）
　………… 適量
バター ………… 適量

A ｜ 小麦粉（薄力粉）… 150g
　｜ ベーキングパウダー（アルミフリー）
　｜ ………… 小さじ2
　｜ さとう ………… 40g

1 Aをふるいながらボウルに入れる。たまごと牛乳は別のボウルでよくまぜ、Aに入れてまぜる。

▶▶ **2** やき方はクレープと同じ。表3分、うら2分やく。ふつふつしたらうら返す。

▶▶ **3** バターをのせ、はちみつかメープルシロップをかける。

ふつふつしたらうら返す。
弱火

牛乳をつかったかんたんおやつ

ミルクくずもち

材料（4人分）
きな粉 … 大さじ3

A ┃ 牛乳 ………… 400mℓ（カップ2）
　┃ さとう ……… 大さじ8
　┃ かたくり粉 … 大さじ9

1 Aの材料をなべに入れ、よくまぜる。

2 火をつけ、中火にし、しゃもじでまぜながら熱する。

3 ふっとうしてから、弱火にして30秒くらいすると、底の方からかたまってくる。

4 かたまってきたら、しゃもじでなべの底から大きくまぜ、全体がもちのようになったらすぐ火をとめる。

5 スプーン2つをつかい、ひと口大のかたまりにして、きな粉の上にのせてころがし、形をととのえる。

6 皿にもりつけてできあがり。
（夏はひやして食べるとおいしい）

牛乳はすぐれた食品

牛乳は食品のなかでも、カルシウムやたんぱく質などの栄養素がバランスよく入っている、すぐれた食品です。牛乳のカルシウムは吸収がよくじょうぶな骨や歯をつくります。たんぱく質は、血や筋肉をつくる役目をしています。とくに成長期の子どもには大切な食品です。

カッテージチーズ

材料
牛乳………………… 400ml（カップ2）
牛乳（あとでつかう分）………小さじ2
レモン汁（または酢）………大さじ2
塩………………………………少々

1 牛乳がふっとうする直前で火を止めて、少しさます。

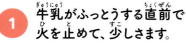

2 少しさめたら（70度くらい）レモン汁（または酢）を入れてかきまぜる。

3 白いかたまりができるまで待つ。

4 ざるにふきんをしき、かたまりをとりだす。

5 ふきんの口をしっかりもって、よく洗う。

6 かたまりをとりだし、牛乳小さじ2、塩少々を入れ、よくまぜる。

7 パンやクラッカーにのせ、ジャムものせて食べる。

チーズの発見

チーズは紀元前5000年ごろにはすでに作られていました。羊の胃ぶくろで作った入れ物にヤギの乳をいれていました。飲もうとしたら、乳は白いかたまりととうめいな液体になっていました。かたまりを食べてみるとおいしかったのです。それがチーズでした。羊や子牛の胃にある「レンネット」という酵素で乳が固体と液体に分かれてチーズになります。今はレンネットは人工的に作られています。

チーズのいろいろ

● **ナチュラルチーズ**

乳から直接作られるチーズ。あまり熟成させないモッツァレラチーズや白カビをうえつけて熟成させたカマンベールチーズなど。

● **プロセスチーズ**

ナチュラルチーズを乳化剤などを加えて加熱してとかし、再び成形したもの。熱を加えているので、発酵がとまって長く保存できて、味にくせがない。

19

たまごをつかったおやつ

材料（4人分）
- たまご ………… 2こ
- 牛乳 ………… 200ml（カップ1）
- さとう ………… 大さじ3
- バニラエッセンス … 4てき
- カップ（フライパンに入る高さのコーヒーカップか湯のみ茶わん）

カラメルソース
- 水 ………… 大さじ1
- さとう ……… 大さじ2
- 追い水 ……… 大さじ1
（あとから入れる）

手づくりプリン

カラメルソースをつくる

1 水とさとうをコーヒーカップに入れ、レンジ（600W）に1分30秒かける。

▶▶ **2** さらに茶色の色がつくまで10秒ずつ2回に分けてレンジにかける。

▶▶ **3** 色がついたら追い水を入れて、かきまぜる。

プリンをつくる

1 たまご、牛乳、さとうをあわだて器でよくまぜ、バニラエッセンスを入れる。

▶▶ **2** たまご液をざるでこして、カップに流し入れ、アルミホイルでふたをする。

▶▶ **3** フライパンに高さ1/3くらいまで水を入れて、ふっとうさせる。

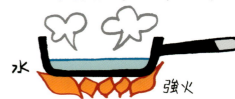

▶▶ **4** 火を止め、カップをならべ、ふたをする。

▶▶ **5** 火をつけて、ふっとうしたら、弱火にして10分、火を止めて10分むらす。

▶▶ **6** さめたら、冷蔵庫で冷やし、カラメルソースをかけて食べる。

たまごボーロ

材料
- たまごの黄身 …1こ
- 牛乳 …………小さじ1
- さとう …………25g
- かたくり粉 ……70g

1 ボウルにたまごの黄身とさとうを入れて、白くなるまでまぜる。

2 牛乳小さじ2/3を入れて、さらにまぜる。

3 かたくり粉を入れて手でこねる。粉っぽくかたいようだったら、牛乳を2～3てき入れる。

4 小さくまるめる。（ひとつ3g、小指の先ぐらい）

手をすこしぬらしてやるとくっつかない。

5 160度に熱したオーブンで約13分やく。

6 さましてできあがり。

こげめがついたら火をとめる。

たまごはどうしてかたまるの

ふっとうして、5分（半熟）、10分（固ゆで）

たまごには、体をつくるもとになるたんぱく質が多くふくまれています。
たんぱく質が多く熱でかたまる性質をもっていて、ゆでると65度の温度からかたまりはじめます。黄身は65～70度、白身は75～80度でかたまるので、黄身がかたまる前に水でひやすと、半熟たまごができます。
70度の温度を保ってゆでると、黄身より白身の方がやわらかくなります。温泉の湯や蒸気でつくられることから、こうしたたまごを「温泉卵」と呼んでいます。

温泉卵

じゃがいもをつかったおやつ

材料（2人分）

じゃがいも ………… 中2個	ナチュラルチーズ …適量
ピーマン …………… 2個	ピザソースまたはケチャップ
玉ねぎ ……………… 中1/2個	………………… 大さじ3
ツナ ………………… 1缶	

じゃがピザ

1 ピーマンを洗って、輪切りにする。横向きに置いて切り、種は後でとりのぞく。

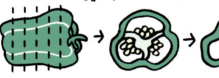

2 玉ねぎの皮をむき、1/2個をうす切りにする。

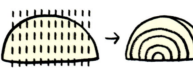

3 じゃがいもの皮をむき、1cmの厚さに切る。

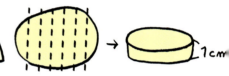

4 じゃがいもをゆでる。

かぶるくらいの水を入れる。はしがさされればゆで上がり。

5 ゆでたじゃがいもを、ざるにあげ、耐熱皿にしきつめる。

6 じゃがいもの上に、ピザソースまたはケチャップをぬり広げる。

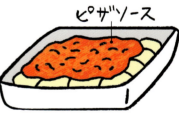

7 ピーマン、玉ねぎ、ツナをのせ、上からチーズをちらす。

8 オーブントースターで10分加熱する。チーズがとけたらでき上がり。

やけどしないようにね。

厚切りポテトチップス

材料（4人分）
- じゃがいも …… 中2個
- 塩 …………… 少々
- 油 …………… 適量

1. じゃがいもの皮をむき、3mmの厚さの輪切りにする（スライサーを使ってもいい）。

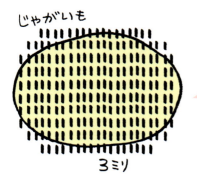

じゃがいもをしっかりおさえて、ゆっくり切ろう。

2. フライパンに油を1cmくらい入れて、中火にかけ、重ならないようにじゃがいもをならべる。

油があたたまる前にじゃがいもを入れても大丈夫。

3. 中火で、きつね色になるまで、8〜10分あげる。はしでかき回して、カサカサしてきたら大丈夫。

ちょっとしんなりしていたら、もう少しあげる。

4. キッチンペーパーの上にのせて、油を切る。塩をふったら、でき上がり。

さつまいもをつかったおやつ

材料（2人分）
- さつまいも … 中1本
- 油 …………… 大さじ1
- 黒ごま …… 少々

たれ（まぜておく）
- さとう …… 大さじ1
- しょうゆ … 大さじ1
- みりん …… 大さじ1

大学いも

1 さつまいもをよく洗い、皮付きのまま、1cm幅のスティックに切る。

電子レンジで2分加熱すると、さらに甘くなる。

2 油大さじ1をフライパンで熱し、さつまいもを広げるようにならべ、カリカリになるまで焼く。

くっつかないように、たまにゆする。動かしすぎるとくずれてしまうので、気をつけて。

3 くしをさして、やわらかくなっていたら、たれを入れ、ゆすりながら全体にからめる。

前後にゆする。

4 皿に盛りつけて、黒ごまをふる。

ふくろでさつまいもを育ててみよう

ベランダなど日あたりのいい所でね。

1 花や野菜の培養土25ℓ入りを、ふくろのまま使う。

ふくろの上を切りとる。

肥料が多いと、葉ばかりしげってしまうので、肥料の少ない培養土がよい。

2 先のとがったドライバーなどで、水はけ用の穴をあける。

3 5月から6月のはじめくらいまでに、さつまいもの苗を1ふくろに1本植える。

フシから根が出てくる。

苗はホームセンターなどで買える。

ピラミッド型スイートポテト

材料（4人分）

- さつまいも ……… 300g
- さとう ……… 大さじ2
- バター ……… 大さじ1（12g）
- 牛乳 ……… 大さじ1
- たまご ……… 1個（黄身と白身に分けておく。28P参照）
- クラッカー（正方形）… 10枚くらい

① さつまいもをよく洗い、皮付きのまま、サイコロに切って、3〜5分水につける。

② なべに、さつまいもとひたひたの水を入れてゆでる。

③ さつまいもにくしをさして、やわらかくなっていたら、ザルに上げる。

④ なべに③を入れてつぶす。さとう、バター、たまごの白身をといて入れ、よくまぜてから全体をまぜる。

⑤ 牛乳を少しずつ入れながら、まぜて固さを調節する。

⑥ クラッカーの上に⑤をのせて、ピラミッド型にととのえる。

多めにのせて、ナイフなどで余分な分を上から下にけずり、ピラミッド型にする。

⑦ たまごの黄身をよくとき、はけでぬる。

⑧ オーブントースターで、こげ目がつくまで5〜7分焼く。

---

④ 最初は、水をたっぷりやる。

1〜2週間で白い根が出てくる。それまでは水をきらさない。

⑤ 根が出たら、水やりを1週間に1度くらいにする。

1ヶ月くらいでつるがどんどんのびてくる。

⑥ つるが長く伸びてきたら、葉を裏返して、ふくろの中にもどす。（つる返し）

つるが地面につくと、そこから根が伸びて、いもが小さくなってしまう。

⑦ 10〜11月ごろ、葉が黄色くなってきたら収穫。

やさいのおやつ

材料（4人分）
ミニトマト（いろいろな色）
……………………… 30こ
塩 ……………………… 少々

ひやしトマト

1 トマトは洗ってへたをとる。

2 なべに湯をわかし、ミニトマトを入れ、30秒ゆでて、ざるにとりだす。

3 ボウルに氷水を入れて、トマトをつける。

こうすると皮がむきやすい

4 トマトの皮をむく（湯むき）。

5 ふたつきの容器にトマトを入れ、塩をまぶす。

塩を入れると味がこくなり、あまく感じる。

6 冷蔵庫で冷やす。すぐ食べてもいいし、一晩おいてもよい。

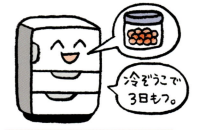

冷ぞうこで3日もつ。

はちみつトマト

ミニトマトはいろいろな色がある。いろいろな色をまぜるとカラフルになる。

1 湯むきしたミニトマトにはちみつとレモンをかけ、かるくまぜる。

2 ふたつきの容器に入れて1日以上つける。

冷ぞうこで2〜3日もつ。

材料（4人分）
ミニトマト ……………… 30こ
はちみつ ……………… 大さじ1
レモン汁 ……………… 大さじ1/2

ポップコーン

材料（4人分）
- ポップコーン用とうもろこし …… 50g
  （あまったとうもろこしは、湿気に弱いのでチャックつきの袋などにいれて保存する。）
- サラダ油 …………… 小さじ2
- 塩 ………………… 少々
- バター ……………… 小さじ2

1 熱したフライパンに油をひき、ポップコーン用とうもろこしを重ならないように広げて入れる。

2 フライパンにふたをして強火にし、音がしてきたら、ふたをおさえてフライパンを前後にふる。

3 ポンポンする音が静かになったら、火を止め塩とバターを入れて味をつける。

とうもろこしはふくらんで30倍ぐらいになるので大きめのフライパン（なべでもよい）に入れる。

味付けお好みでしょうゆとオリーブオイル、カレー粉と塩などにしてもよい。

レンジでつくるポップコーン

1 封筒の口をひろげ底の両すみを三角に折りこんで、マチを作る。

2 とうもろこしをいれ、封筒の口を3回折る。

3 レンジに入れ、600Wで3分。ふくらんだら塩を入れ、袋をゆすって全体に味をつける。

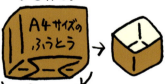

材料
- ポップコーン用とうもろこし ………………… 1/4カップ
- 塩 ………………… 少々
- 紙袋（A4判の封筒）

ふくらまなかったとうもろこしはもう一度同じことを繰り返す。

ポップコーンのはじまり

アメリカの先住民がとうもろこしを利用し始めたころからあったといわれています。紀元前3600年前ごろの遺跡からポップコーンの痕跡が見つかっています。たき火の中に乾燥させたポップ種の種を投げ込んで、たき火から飛び出したものを食べていたようです。

クッキーをつくろう

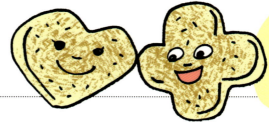

準備
オーブンは170度に予熱する。バターは冷蔵庫からだしてしばらくおく。

さくさくクッキー

材料（20枚分）

- バター ………… 35g
- さとう ………… 35g
- たまごの黄身 … 1個分
- たまごの白身 … 1/2個分
- 小麦粉（薄力粉） …… 100g
- ベーキングパウダー（アルミフリー） ………… 小さじ1
- ぬり卵（卵の白身） … 1/2個分

たまごの白身と黄身の分け方
たまごを二つに割り、白身だけ器にとりだす。

1 ボウルにバターを入れ、クリーム状になるまでねったら、さとうを加えて白っぽくなるまでまぜる。

2 たまごの黄身、白身の順に少しずつ加えてよくまぜる。

3 ふるいにかけた小麦粉とベーキングパウダーを加え、練りすぎないように手で生地をまとめる。

4 手のひらかめんぼうで2mmくらいの厚さに伸ばし、好みの型でぬく。

5 ④をオーブンシートをしいた天板に並べ、表面にたまごの白身をはけでぬって170度にあたためたオーブンで10分やく。

たまごの白身をぬるとつやがでて、クッキーがおいしそうに見えます。

ときどきこげていないかようすを見てね。

おからでつくる和風クッキー

※オーブンは170度に予熱しておく

材料（20個分）

サラダ油 … 大さじ2弱
レーズン … 大さじ1
塩 … ひとつまみ
水 … 大さじ1と1/2

A ┤ 小麦粉（薄力粉）……… 25g
　　おから ……………… 25g
　　ベーキングパウダー（アルミフリー）
　　　　　　　　　………… 小さじ1/4
　　さとう ……………… 小さじ2

① レーズンはお湯で洗ってふやかし、こまかくきざんでおく。

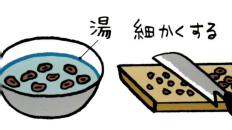

② ボウルにAの材料を入れてよくまぜる。

③ サラダ油を加えて、指のさきをつかってよくまぜる。

④ 油がなじんできたら、水を加えてまぜ、レーズンも入れてひとまとめにする。

⑤ 手のひらで生地をおしながら、長方形を作り（厚さ7mm）生地を2cm角に包丁で切りわける。

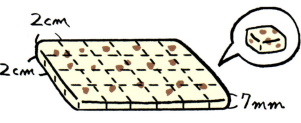

⑥ 天板にオーブンシートをしいて生地をのせ、オーブンで15分やく（170度）。

古代人も食べていたどんぐりクッキー

縄文時代の遺跡から、明らかに炭化した食品と思われるクッキー状のものが出土しています。どんぐりなどの木の実やひえなどの穀物を使って、クッキーのようなものを作っていたことがわかっています。

手づくりピザ

生地をつくる

材料（1枚分）

バター … 10g

A
- 強力粉 …… 50g
- 薄力粉 …… 50g
- 塩 … ふたつまみ
- ベーキングパウダー（アルミフリー）
  …… 小さじ1

B
- はちみつ … 小さじ1
- さとう …… 小さじ1
- 湯 ………… カップ1/4

① 小さなボウルにBを入れてあわだて器でまぜる。

▶▶ **② 大きなボウルにAをふるって入れ、手でさっとまぜる。**

▶▶ **③ ②のボウルの中央にバターを入れて、①をながし入れる。**

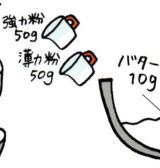

④ 全体をひとまとめにして、台にうつし、3〜5分こねる。台にたたきつけたり、丸めたりを何回もくり返し、ふっくらとしたらまるめる。

▶▶ **⑤ 強力粉で打ち粉をし、めん棒で厚さ3mmくらいに伸ばし、18〜20cmくらいの大きさにする。**

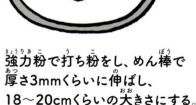

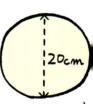

たたきつける。　まるめる。　ふっくらしたら丸める。　うち粉（強力粉）　めん棒でのばす。　20cmくらいの丸

トマトソースをつくる

1. トマトを洗って1cm角に切る。
2. なべにオリーブ油とにんにくを入れ、弱火にかけ、香りがたったらトマトと塩を入れてにつめる。

材料
- オリーブ油 …… 大さじ1
- にんにく ……… 1/3かけ（みじんぎり）
- トマト ………… 100g
- 塩 ……………… ひとつまみ

ピザをやく

※オーブンは230度に予熱しておく

材料
- ミニトマト ………… 2こ
- しらす干し ………… 30g
- ピザ用チーズ ……… 100g
- ピーマンの輪切り …… 2個分
- （あればルッコラ）

1. クッキングシートをしいた天板に生地をのせて、トマトソースをぬる。

2. トマトソースをぬった上にチーズ、ミニトマト、ピーマンの輪切りをのせる。

3. 230度に熱したオーブンで7〜8分やく。

4. オーブンから出し、皿にのせ、しらす（あればルッコラ）をのせてできあがり。

ベーキングパウダーと重そう

どちらも焼き菓子をふくらませるために使われています。重そうは英語で「ベーキングソーダ」とよばれています。つまり、ベーキングパウダーの主成分は重そうなのです。重そうは水を加えて熱すると、炭酸ガスを発生させます。このガスが生地の中に入ってパンやピザをふくらませるのです。ただ、重そうを使うと生地が黄色っぽくなったり、苦みがでたりします。そこで色や味に重そうの影響が少なくなるように重そうに添加物を加え、炭酸ガスを発生しやすくしたのがベーキングパウダーです。どら焼きなどは重そうを使って風味を生かし、ケーキにはベーキングパウダーを使っています。

旬のくだものや野菜でジャムづくり

材料

いちご	500g
さとう	150g
レモン汁	大さじ2

耐熱性のガラスびん、ジャムなどのあきびん

いちごジャム

1 いちごをよく洗い、ヘタを取る。

2 なべに、いちご、レモン汁、さとうを入れて、10分以上おく。

レモンなどの酸味のあるものを使うときは、酸に強いステンレスやほうろう製のなべを使うとよい。

3 弱火にかけて、ふっとうして、あくが出たら、あみですくい取る。

4 ときどき木べらでまぜながら、煮つまってきて、とろみがついてきたら、火をとめる。（30分ぐらいで、最初の量の半分ぐらいになる。）

好みでつぶしてもいい。
こがさないようにね

5 煮ているあいだに、なべにびんをおき、かぶるぐらいの水を入れて、強火でふっとうさせる。ふっとう後、弱火で約10分ほど煮たたせる。

さとうの量は好みでかげんする。さとうの量の多い方が、長く保存できる。

6 トングなどでつかんで、清けつな布の上に取り出し、逆さまにおく。

やけどに気をつけなう！

7 びんがまだ熱いうちに、熱いジャムを流し入れて、ふたをする。（必ず口のぎりぎりまで入れる。）

8 1分ほどまって、いっしゅんふたをゆるめ（ふたははずさない）、あたたまった空気を抜き、すぐにもう一度ふたをきつくしめ直す。

ビンがさめると空気ぬきができ、びんの中が真空状態になり、長期保存が可能になる。常温で2〜3か月は保存できる。開封後は、冷蔵庫で保存する。

りんごジャム

材料
- りんご …… 500g（約2個）
- さとう …… 150g
- レモン汁 … 大さじ2

① りんごは皮をむき、たてに4等分して、しんを取り除く。

② あらめのみじん切りにする。水にさらしてざるにあげ、水気を切る。

③ 以下、いちごジャム②からと同じ。

> りんごは「紅玉」を使い、皮も一緒に入れると、きれいなピンク色になる。皮は塩をまぶしてもみこむように洗うと、皮の表面についた農薬はほとんど落ちる。

トマトジャム

材料
- トマト …… 500g
- さとう …… 150g
- レモン汁 … 大さじ2

① 洗ってへたをとったトマトをふっとうした湯に入れて、すぐに取り出す。

② 皮をむき、トマトをざく切りにする。

③ 以下、いちごジャム②からと同じ。

にんじんジャム

材料
- にんじん … 300g（中2本）
- さとう …… 100g
- レモン汁 … 大さじ2

① にんじんを洗って、皮つきのまますりおろす。

② 以下、いちごジャム②からと同じ。

ジャムにレモン汁を入れるわけ

ジャムのとろみの成分をペクチンといいます。ペクチンは酸味の強いくだものの中に含まれています。レモン汁を加えると、酸味がさらに加わり、ペクチンをたくさん引き出すことができます。酸味と香りがプラスされ、その上、色がきれいにできあがります。

ジャムとマーマレード

くだものや野菜にさとうやレモンを加えて煮つめ、ゼリー状になったものをジャムと呼んでいます。ジャムのうち、柑橘類（オレンジなど）を原料とし、その皮も含まれるものを、マーマレードといいます。

くだものをつかったおやつ

材料（4人分）
- いちご……… 8個
- りんご……… 1個（小）
  ※大きい場合は1/2個
- キウイ……… 1個
- もも缶（小）…… 1つ
- みかん缶（小）… 1つ
- サイダー ……… 500ml

フルーツポンチ

1 材料を一口大に切りそろえる。いちごは洗い、へたを取り、たてに4等分して、横に半分にする。

● ももはひと口大に切る。

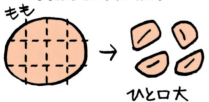

● りんごは皮をむき、たてに8等分して、しんを取り、塩水につける。すぐに取り出して、2mmの厚さに切る。

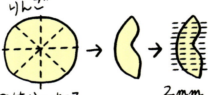

● みかんはそのまま使う。

● キウイは皮をむき、たて半分（大きい場合は1/4）に切って、さらに半月切りにする。

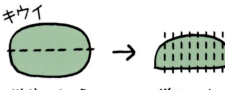

2 ガラスの器などに色どりよく盛りつけて、サイダーで味つけをする。

いろいろな味つけ

シロップ
- 水……… 120ml
- さとう … 40g

● シロップにレモン汁やりんご酢などを加える（量は好みで）。

● 缶づめ（ももやパイナップルなど）のシロップに炭酸水を加える。

オレンジゼリー

材料（4人分）

- オレンジジュース（果汁100%）… 500ml
- 粉ゼラチン … 1袋（5g）
- 水 … 大さじ2
- さとう … 大さじ3
- レモン汁 … 小さじ1

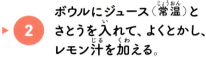

1 器に水を入れて、その中に粉ゼラチンをふり入れて、軽くまぜてふやかす。

2 ボウルにジュース（常温）とさとうを入れて、よくとかし、レモン汁を加える。

3 ①のゼラチンにラップをかけて、電子レンジで約20秒加熱してとかす。

4 ②に③のゼラチン液を加えてよくまぜる。

5 ガラスの器などに流し入れて、冷蔵庫で冷やして固める。

6 オレンジやみかんの果肉、ミント、ヨーグルト、生クリームなど、好みのものをのせる。

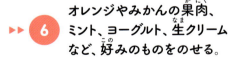

輸入くだもの

店先に並ぶおいしそうなくだもの。バナナ、グレープフルーツ、レモン、オレンジなど国内産のものだけでなく、海外からも数多くのくだものが輸入されています。「ポストハーベスト」ということばを聞いたことがありますか。「ポストハーベスト」とは「収穫後」という意味で、収穫後の農産物に使用する農薬のことをさします。これは、輸送中に害虫やカビ、くさるのを防ぐという理由で使われています。使用されている農薬の残留濃度は、畑でまかれる農薬の数百倍ともいわれています。日本国内では、収穫後の農薬の使用は禁止されていますが、外国産のくだものや穀物などには使用してもよいことになっています。使われている農薬の中には発がん性がうたがわれているものもあり、安全性が問題になっています。
日本のくだものにも農薬が使われているものもあります。できるだけ無農薬のものや有機栽培のものを選ぶようにしましょう。

ゼラチンと寒天

ゼラチンは豚の骨などの動物性コラーゲンからつくります。プリプリしていて、のどごしがよく、20℃以下でないと固まりません。ゼリーやババロアなどの洋菓子に使われています。寒天は天草という海藻を煮てつくります。歯ざわりがあり、常温で固まります。牛乳かんやあんみつ、水ようかんなど和菓子につかわれています。

手づくりアイス

材料（6人分）

- プレーンヨーグルト………… 1パック(500ml)
- バニラエッセンス……………… 2〜3てき
- 生クリーム（純脂肪）………… 1パック(200ml)
- たまごの黄身（28P参照）… 1個分
- さとう（グラニュー糖）………… 1/2カップ
- レモン汁 ………………………… 大さじ1

ヨーグルトアイスクリーム

1 材料をボウルに入れ、あわだて器でよくまぜる。

2 ふたつきの金属製の容器に入れる。（なければプラスチック製でもよい）

3 冷凍庫に入れて1時間おく。

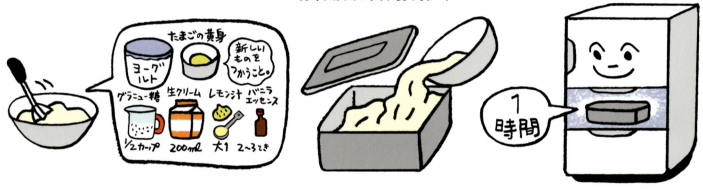

4 1時間たったら出して、スプーンで全体をまぜる。

5 また、冷凍庫に入れ、1時間たったら取り出してかきまぜる。それをもう1回くりかえす。

空気を入れることでやわらかくなる。とけないようにすばやくやる。

いちごシャーベット

材料（4人分）
いちご …… 1パック（250g）　レモン汁 … 大さじ1
さとう …… 50g

1 いちごはよく洗ってから、ヘタをとる。

2 ボウルにいちごを入れ、よくつぶす。

3 さとうとレモン汁を入れてよくまぜる。

4 チャックつきの袋にたいらにして入れ、冷凍庫で凍らせる。

たいらに入れる。

そのまま凍らせてアイスに

果物をチャックつきのビニル袋に入れ、空気をぬいて冷凍庫で凍らせる。
バナナ（棒をさすとアイスキャンディに）
ぶどう（大きめのブドウの皮をむいて凍らせる）

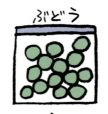
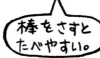

棒をさすとたべやすい。　皮をむいてね。

アイスのいろいろ

● **アイスクリーム**
牛乳などを原料として、冷やしながら空気を含むようにかきまぜてクリーム状にして凍らせたもの。

● **ソフトクリーム**
アイスクリームのやわらかいもの。

● **シャーベット**
氷状のもの、氷菓という。
（古くはフルーツがベースのものだった）

● **ジェラート**
空気のふくまれている量が少なく、牛乳・果汁・コーヒーなどをまぜたものを凍らせてつくる。発祥はイタリア。

● **アイスキャンディ**
棒状の氷菓。

手づくりケーキでパーティー

材料（直径18cmの丸型）

- 小麦粉（薄力粉） …… 100g
- たまごの白身（28P参照） … 4個分
- たまごの黄身 …… 4個分
- バニラエッセンス …… 2〜3てき
- バター …… 5g
- さとう（グラニュー糖） …… 120g（ふるっておく）
- とかしバター …… 30g（電子レンジで600W・5秒）

スポンジケーキをつくる

1 型にバターをぬり、パラフィン紙をはる。

2 たまごの白身をボウルに入れて、よくほぐす。

3 力を入れて、ピンと角がたつまで白身をあわだてる。途中でさとうを3回に分けて加える。

4 ③にたまごの黄身を4回に分けて加え、そのつどよくまぜる。バニラエッセンスを2〜3てき加える。

5 ④に小麦粉をふるいながら加え、ゴムべらでさっくり切るようにまぜる。

6 さらにとかしバターをくわえて、さっくりまぜる。

ゴムべらで切るようにまぜるとねばりけがでずふんわりとやける。

7 型に⑥を流し入れ、2〜3cmの高さから、トントンとおとすようにして空気をぬく。

8 170度にあたためておいたオーブンで20分やく。

9 焼きあがったら、型からはずし、パラフィン紙をはがしてあみのうえでさます。

くしでさして何もつかなければやけている

デコレーション

材料
- 生クリーム … 1カップ（200ml）
- さとう … 大さじ2
- いちご … 1パック（洗ってへたをとり、半分は厚さ7mmにきって、さとう大さじ1をまぶしておく）※残り半分は上にかざる。

1 ボウルに生クリームとさとうを入れ、よくまぜたらボウルの底を氷水で冷やしながら、しっかり泡立てホイップクリームをつくる。

2 よく冷めたスポンジを横半分にきり、ホイップクリームと切ったいちごをはさむ。

3 スポンジの上・横にホイップクリームをぬる。

4 残ったホイップクリームを星形の口金のついたしぼり袋に入れて、ケーキの上にきれいにしぼりだしてかざる。

5 いちごをケーキの上にきれいにかざり、できあがり。

いちご以外にキウイ、バナナ、メロンなど、すきなくだものをのせてもいいね。

おいしい紅茶の入れ方

材料（1人分）
- 紅茶の葉 …… ティースプーン1ぱい
- 国産レモン（ミルク、ジャムでもよい）
- 湯 … 150ml

1 カップとティーポットは、湯を入れてあたためておく。

2 湯をすて、ティースプーン1杯（1人分）の茶葉を入れる。

3 ふっとうした湯を150ml入れる

4 2分たったら、茶こしで茶がらをこしながら、カップに注ぐ。

- レモンを入れてレモンティー
- ジャムを入れてロシアンティー
- ミルクを入れてミルクティー

この本を読んでいるあなたへ

「家事」って、あまり聞かない言葉かもしれないね。

生活していくためには、まず食べることが必要です。家にある材料を使ったり、材料を買ったりして、自分で料理できるといいね。着ているものを洗濯することは体を清潔に保つためには欠かせないことです。部屋が散らかっていたら、気持ちが落ち着かないね。こうした健康で生活するために必要なこと、それが家事です。

この本を読んだら、あなたにできることからやってみましょう。あんがい、かんたんにできて、びっくりするかもしれないよ。

この本のとおりにやってみると、おとなのやり方とちがうことが見つかったり、「なんで？」という疑問や「そうなんだ！」という発見があるかもしれません。料理や洗濯、掃除の仕方には科学的な理由があります。そのわけがわかれば、やる気も出ます。

そうして、家事ができるようになるということは、「自立した人」になっていくということなのです。

おなかがすいたときに、食べたいものを自分でつくれたら、すごく自由な気分になりませんか？　だれかのためにおいしい料理をつくれたら、どんなにすてきでしょう。

この本では、基本中の基本をだれでも確実につくれるように図解してあります。そして、一度覚えたら一生忘れないようなコツや、そのわけをわかりやすく説明しています。

少しなれてきたら、家族や友だちのためにうでをふるってみませんか？「おいしい！」って言われたら、自信もついて料理をつくるのが、うんとたのしくなります。

第3巻はみんなが大好きなおやつです。おやつも自分でうでをふるってつくったら、おいしさがいちだんとアップ。また、使っている材料も分かるので、安心して食べられます。友だちとつくってみるのも楽しいですね。

編者　家庭科教育研究者連盟

1966年に民間の研究団体として発足。
小、中、高校および、障害児学級や大学で家庭科教育
にかかわっている教師を中心とした全国組織。
子どもが学習の主人公となれるように、ありのままの生
活を中心にすえながら、家庭科の学びができるよう取り
組んでいる。

3巻の執筆者

浅倉エツ子、池田瑳由美、海野りつ子、小木曽悠、
栗原和子、齊藤弘子、平方明子、伏島礼子、和澄鏡子

絵　大橋慶子

1981年生まれ、武蔵野美術大学卒業。
イラストレーター、絵本作家として雑誌や書籍で活動中。
主な著書 『そらのうえ　うみのそこ』(TOブックス)、『も
りのなかのあなのなか』(福音館書店「かがくのとも」)、『そも
そもなぜをサイエンス』(全6巻、大月書店)ほか。

ひとりでできるかな？　はじめての家事❸

おやつもできたら、たのしいね

2018年8月24日　第1刷発行

発行者　　中川 進
発行所　　株式会社 大月書店
　　　　　〒113-0033　東京都文京区本郷2-27-16
　　　　　電話（代表）03-3813-4651　FAX 03-3813-4656
　　　　　郵便振替 00130-7-16387
　　　　　http://www.otsukishoten.co.jp/
編者　　　家庭科教育研究者連盟
絵　　　　大橋慶子
デザイン　株式会社 ラボラトリーズ
印刷　　　光陽メディア
製本　　　ブロケード

©2018 kateikakyouiku kenkyusyarenmei Japan
ISBN978-4-272-40723-1 C8377

定価はカバーに表示してあります。
本書の内容の一部あるいは全部を無断で複写複製（コピー）することは法律で認められた場合を除き、
著作者および出版社の権利の侵害となりますので、その場合にはあらかじめ小社あてに許諾を求めて下さい。